AF324479

GRAMMAIRE
MUSICALE

CONTENANT

LES PRINCIPES DE LA MUSIQUE

PAR DEMANDES ET RÉPONSES

PAR

AD. LE CARPENTIER

DEUXIÈME PARTIE

Les principes contenus dans cette deuxième partie complètent l'éducation musicale des élèves, en satisfaisant en même temps leur curiosité sur plusieurs points intéressants de l'histoire de la musique.

Prix net : 1 fr. 25 c.

PARIS

J. MEISSONNIER FILS

COMPAGNIE MUSICALE, Éditeur-Commissionnaire, 18, RUE DAUPHINE.

PIANOS DE BOISSELOT ET FILS

MUSIQUE TYPOGRAPHIQUE

DE

CH. KNODERER

breveté s. g. d. g.

PARIS. —TYP. BEAULÉ, RUE JACQUES DE BROSSE, 10.

PRINCIPES ÉLÉMENTAIRES DE MUSIQUE.

DEUXIÈME PARTIE.

Les principes contenus dans cette deuxième partie serviront à compléter l'éducation musicale des élèves, en satisfaisant en même temps leur curiosité sur plusieurs points intéressants de l'histoire de la musique.

Je recommande expressément de n'apprendre ces principes que lorsque ceux de la première partie seront bien sus et clairement compris.

ARTICLE PREMIER.

DU NOM DES NOTES ET DE LA GAMME.

DEMANDE. Les notes de la gamme ont-elles toujours été appelées *ut, ré, mi, fa, sol, la, si?*

RÉPONSE. Non. On se servait primitivement des noms des lettres de l'alphabet: *A, B, C, D, E, F, G.*

D. A quels noms de notes ces noms de lettres correspondent-ils?

R. *A la, B si, C ut, D ré, E mi, F fa, G sol.*

D. Qui est-ce qui a substitué à l'usage des lettres les noms des notes usités actuellement?

R. Un moine italien appelé Gui ou Guido d'Arrezzo.

D. A quelle époque?

R. Au commencement du onzième siècle.

D. Quelle est l'origine du nom des notes de la gamme?

R. Gui d'Arrezzo prit la première syllabe de six vers latins d'un hymne de saint Jean-Baptiste, d'où il tira le nom des notes jusqu'au *la.* Le nom de la note *si* ne fut usité que plus tard (1).

D. D'où vient le nom de gamme?

R. Lorsque le nom de la note *si* n'existait pas, les gammes étaient tout autrement solfiées qu'elles ne le sont maintenant. Gui d'Arrezzo ayant imaginé une succession de sons commençant par *sol*, note correspondant à la lettre *G*, il appela cette succession *gamme*, parce que G se dit en grec *gamma*.

D. Le nom de gamme ne reçut-il jamais de modification?

R. Non. On se servit progressivement de successions de sons commençant par d'autres notes, mais on leur conserva le nom de *gamme* donné par Gui d'Arrezzo.

D. L'usage des lettres existe-t-il encore quelque part?

R. En Allemagne on désigne encore les notes par des lettres, et, dans tous les pays, cet usage s'est conservé pour indiquer le nom des notes dans l'intérieur des pianos, près des chevilles qui tiennent les cordes.

ARTICLE II.

DE LA PORTÉE ET DE LA VALEUR DES NOTES. DU CHANT ECCLÉSIASTIQUE OU PLAIN-CHANT.

D. Que signifie le mot Portée?

R. Il signifie réunion.

(1) Voici le texte de la première strophe de cet hymne de saint Jean-Baptiste.

UT queant laxis
REsonare fibris,
MIra gestorum
FAmuli tuorum
SOLve polluti
LAbii reatum.

En solfiant, on remplace maintenant le mot **UT** par la syllabe **DO**, parce que cette syllabe est d'une prononciation plus facile et fait mieux sortir la voix.

D. La portée a-t-elle toujours été composée de la réunion de cinq lignes?

R. Non. Les notes furent indiquées d'abord par des lettres, comme il a été dit plus haut, puis ensuite par des points placés sur huit lignes horizontales; on réduisit le nombre de ces lignes à quatre, en se servant des interlignes, puis enfin on le fixa à cinq.

D. Les différentes valeurs de notes ont-elles toujours été indiquées par les noms de *ronde*, *blanche*, *noire*, *croche*, *double-croche*, *triple-croche*, etc.

R. Non. On employait primitivement des valeurs de notes appelées *maxime*, *longue*, *brève*, *semi-brève* et *minime*.

D. Quel est le genre de musique, actuellement en usage, dans lequel on retrouve encore de ces valeurs?

R. Dans le chant ecclésiastique appelé ordinairement *plain-chant*.

D. Qu'est-ce que le plain-chant?

R. C'est le chant employé dans le rituel de l'église romaine.

REMARQUE. Le *plain-chant* est un reste de la musique des Grecs, il est écrit sur quatre lignes et on n'y emploie que deux valeurs, la *longue* et la *brève*.

Ces valeurs correspondent aux syllabes longues et brèves du texte latin.

Dans la musique moderne, surtout dans la musique sacrée, on emploie encore quelquefois la maxime ou note carrée :

ARTICLE III.

DES CLÉS (1) ET DE LEUR RAPPORT AVEC LES VOIX. — DÉNOMINATIONS DES VOIX D'HOMMES ET DE FEMMES.

D. Y a-t-il d'autres clés que les clés de *sol*, d'*ut* et de *fa*?

R. Non.

____

(1) On pense que les formes des clés de *sol*, d'*ut* et de *fa* ont été empruntées aux lettres gothiques qui désignaient alors les notes *sol*, *ut*, *fa*.

D. Sur quelles lignes de la portée se placent ces clés?

R. La *clé de sol*, sur la première et sur la deuxième ligne.

La *clé d'ut* sur la première, deuxième, troisième et quatrième ligne.

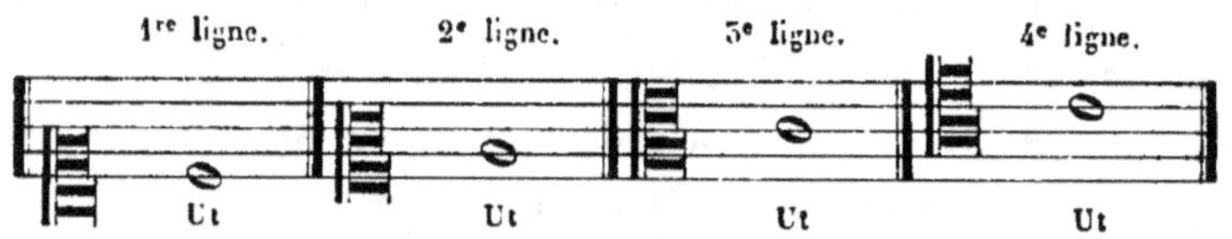

La *clé de fa*, sur la troisième et la quatrième ligne.

REMARQUE. La boucle de la *clé de sol* placée sur la première et la deuxième ligne indique que la note posée sur ces lignes s'appelle *sol*. Le milieu de la *clé d'ut*, indiquant la première, deuxième, troisième et quatrième ligne, signifie que la note placée sur ces lignes s'appelle *ut*. Les deux points de la *clé de fa*, indiquant la troisième et la quatrième ligne, signifient que la note placée sur ces lignes s'appelle *fa*.

D. A quoi servent ces différentes clés?

R. A déterminer le nom des notes d'après leur position et à indiquer ainsi sur la portée les sons aigus, ceux du médium, et les sons graves.

D. Comment s'appellent les voix allant graduellement de l'aigu au grave?

R. Les voix d'hommes, en allant de l'aigu au grave, s'appellent:

> *Haute-contre.*
>
> *Ténor.*
>
> *Baryton.*
>
> *Basse-taille.*

Les voix de femmes s'appellent :

> *Soprano.*
>
> *Mezzo-soprano.*
>
> *Contre-alto.*

D. De quelles clés se servait-on autrefois pour écrire ces voix?

R. De la clé d'*ut* quatrième ligne, pour la haute-contre et le ténor.

De la clé de *fa* troisième ligne pour le baryton.

De la clé de *fa* quatrième ligne pour la basse-taille.

De la clé d'*ut* première ligne pour le soprano et le mezzo-soprano.

De la clé d'*ut* troisième ligne pour le contre-alto.

D. De quelles clés se sert-on, maintenant, pour écrire ces voix?

R. De la clé de *sol* deuxième ligne pour le ténor, le soprano, le mezzo-soprano et le contre-alto.

De la clé de *fa* quatrième ligne pour le baryton et la basse-taille. La voix de haute-contre se confond maintenant avec celle de ténor.

ARTICLE IV.

DE LA MESURE, DU RHYTHME.—DES MESURES SIMPLES ET COMPOSÉES.

D. La musique a-t-elle toujours été astreinte à une division exacte des valeurs?

R. Non. On ne donnait de valeur aux notes que relativement aux syllabes longues et brèves, et leur plus ou moins de durée, indiquée d'ailleurs par les longues et les brèves, dépendait du sentiment de l'exécutant.

D. Qu'est-ce qui a amené la nécessité de diviser la mesure régulièrement?

R. La complication graduelle de la musique.

D. Qu'est-ce que le rhythme?

R. C'est la division régulière de la mesure.

D. Quel est le rapport des valeurs de notes avec les chiffres dont on se sert pour indiquer les différentes mesures?

R. Le chiffre 1 représente la ronde.
Le chiffre 2   —   la blanche.
Le chiffre 4   —   la noire.
Le chiffre 8   —   la croche.
Le chiffre 16   —   la double-croche.

D. Peut-on diviser les mesures en plusieurs classes?

R. Oui. On divise les mesures en deux classes : les *mesures simples* et les *mesures composées*.

D. Qu'est-ce qu'une mesure simple?

R. C'est une mesure dont les temps peuvent se diviser par deux parties égales.

D. Qu'est-ce qu'une mesure composée?

R. C'est une mesure dont les temps peuvent se diviser par trois parties égales.

D. Quels sont les noms des mesures simples à quatre temps, et comment les chiffre-t-on?

MESURES SIMPLES A QUATRE TEMPS.

R. Mesure à *quatre-un*, lorsque le temps est composé d'une ronde.

Mesure à *quatre-deux*, lorsque le temps est composé d'une blanche.

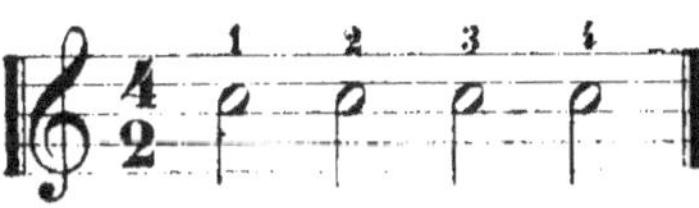

Mesure à *quatre-quarts*, lorsque le temps est composé d'une noire.

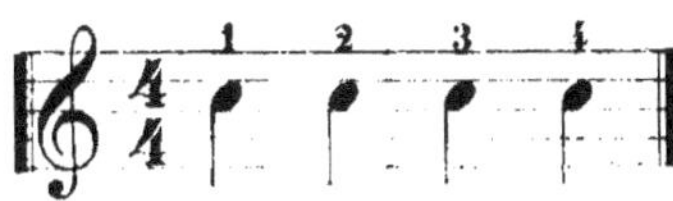

Cette dernière mesure se chiffre maintenant, de préférence, par **C**, et s'appelle, par abréviation, mesure à quatre temps.

D. Quels sont les noms des mesures simples à trois temps, et comment les chiffre-t-on?

MESURES SIMPLES A TROIS TEMPS

R. Mesure à *trois-un*, lorsque le temps est composé d'une ronde.

Mesure à *trois-deux*, lorsque le temps est composé d'une blanche.

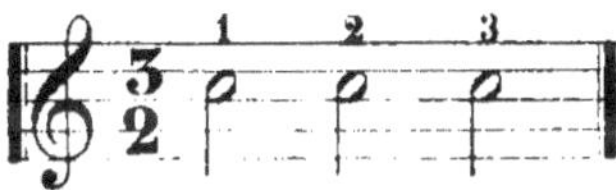

Mesure à *trois-quatre*, lorsque le temps est composé d'une noire.

Mesure à *trois-huit*, lorsque le temps est composé d'une croche.

D. Quels sont les noms des mesures simples à deux temps, et comment les chiffre-t-on?

MESURES SIMPLES A DEUX TEMPS.

R. Mesure à *deux-un*, lorsque le temps est composé d'une ronde:

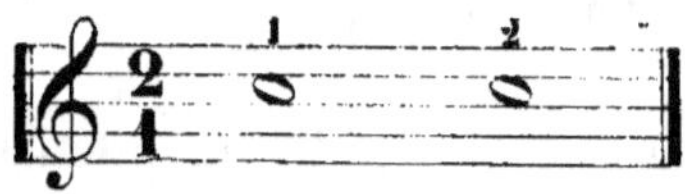

Mesure à *deux-deux*, lorsque le temps est composé d'une blanche.

Cette mesure se chiffre maintenant par un 2 seul, ou un ₵; on l'appelle mesure large à deux temps.

Mesure à *deux-quatre*, lorsque le temps est composé d'une noire.

REMARQUE. Dans les mesures simples, le chiffre supérieur indique le nombre des temps, et le chiffre inférieur, leur valeur.

D. Quels sont les noms des mesures composées dérivant des mesures simples, et comment les chiffre-t-on?

MESURES COMPOSÉES A QUATRE TEMPS.

R. Mesure composée à quatre temps appelée *douze-quatre*, dérivant de la mesure à quatre temps appelée quatre-deux.

Mesure à douze-quatre (composée).

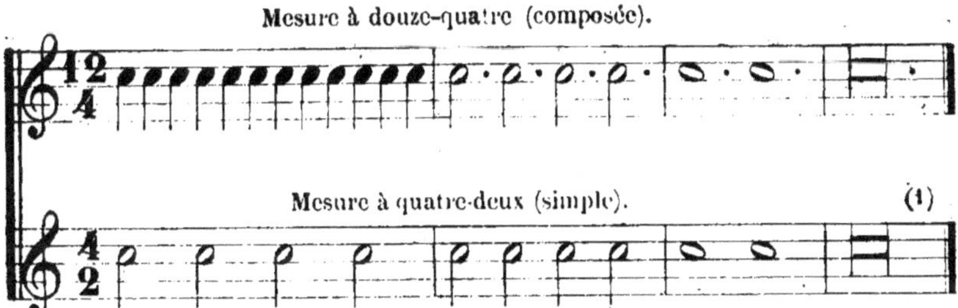

Mesure à quatre-deux (simple). (1)

Mesure composée à quatre temps appelée *douze-huit*, dérivant de la mesure simple à quatre temps.

Mesure à douze-huit (composée).

Mesure à quatre temps (simple).

MESURES COMPOSÉES A DEUX TEMPS.

Mesure composée à deux temps appelée *six-deux*, dérivant de la mesure simple à deux temps appelée deux-un.

Mesure à six-deux (composée).

Mesure à deux-un (simple).

(1) Dans la musique mesurée, la note carrée vaut deux rondes.

Mesure composée à deux temps appelée *six-quarts*, dérivant de la mesure simple à deux temps.

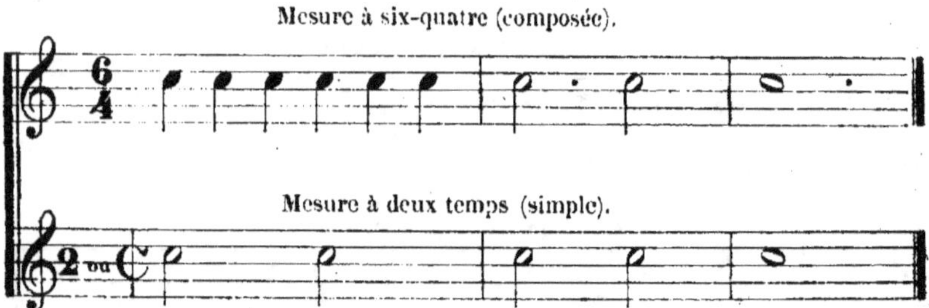

Mesure composée à deux temps appelée *six-huit*, dérivant de la mesure à deux temps appelée deux-quatre.

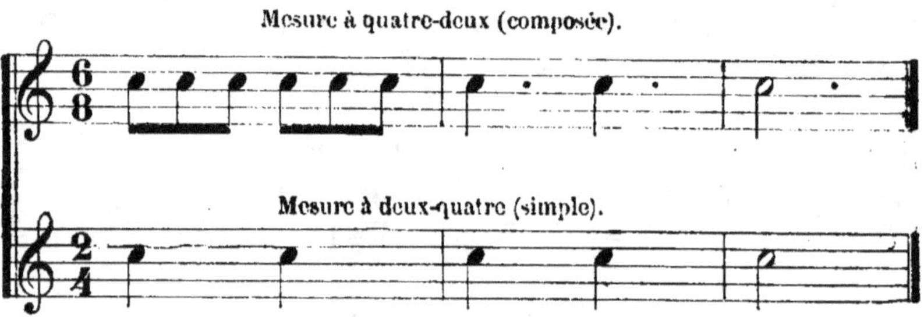

Mesure composée à deux temps appelée *six-seize*, dérivant de la mesure rapide à deux temps appelée deux-huit.

MESURES COMPOSÉES A TROIS TEMPS.

Mesure composée à trois temps appelée *neuf-deux*, dérivant de la mesure simple à trois temps appelée trois-un.

Mesure à neuf-deux (composée).

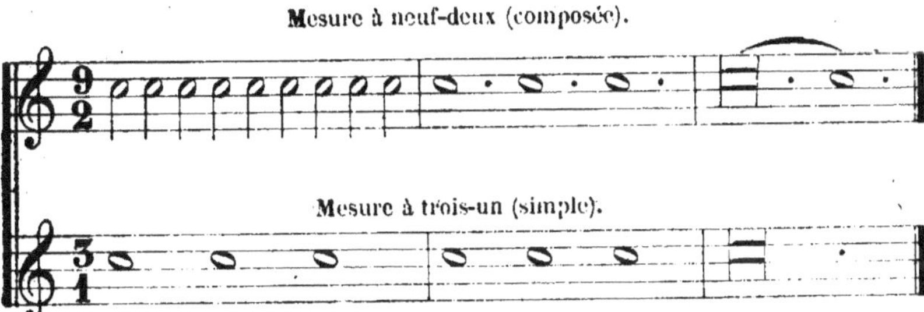

Mesure à trois-un (simple).

Mesure composée à trois temps appelée *neuf-quatre*, dérivant de la mesure simple à trois temps appelée trois-deux.

Mesure à neuf-quatre (composée).

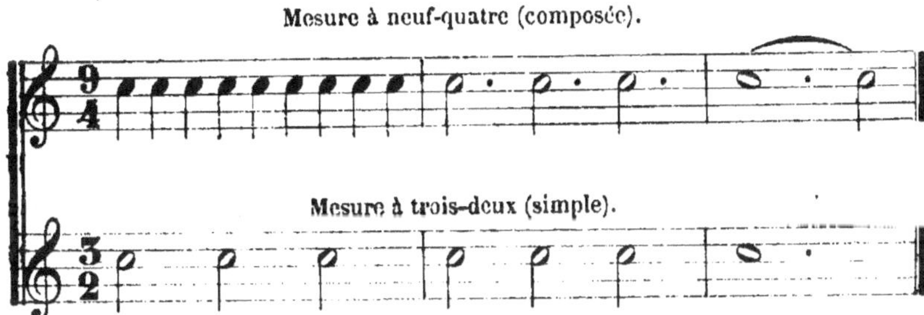

Mesure à trois-deux (simple).

Mesure composée à trois temps appelée *neuf-huit*, dérivant de la mesure simple à trois temps appelée trois-quatre.

Mesure à neuf-huit (composée).

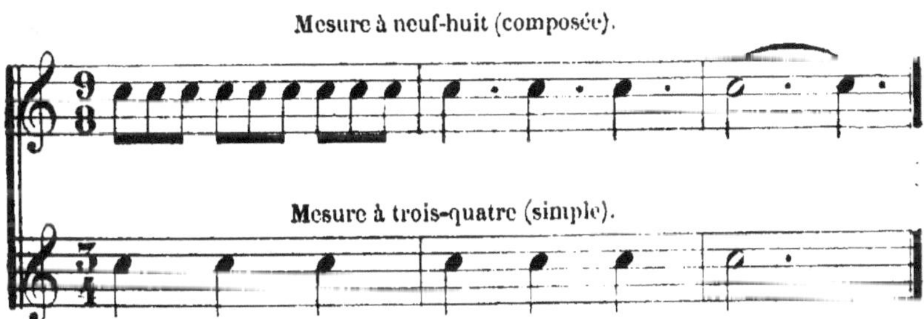

Mesure à trois-quatre (simple).

Mesure composée à trois temps appelée *neuf-seize*, dérivant de la mesure simple à trois temps appelée trois-huit.

REMARQUE. Dans les mesures composées, le chiffre supérieur n'indique point le nombre des temps; mais, de même que dans les mesures simples, le chiffre inférieur indique la valeur de chaque temps.

D. Toutes les mesures indiquées précédemment sont-elles encore usitées?

R. Non. Les mesures ayant les plus longues valeurs étaient employées autrefois, parce que la musique s'exécutait généralement dans un mouvement lent; on a employé par degrés les mesures ayant des valeurs plus brèves. Cependant, par exception, on se sert encore quelquefois, dans la musique moderne, des mesures ayant de longues valeurs.

ARTICLE V.

DES DIFFÉRENTES QUALIFICATIONS DONNÉES AUX INTERVALLES.

D. Chaque intervalle peut-il se présenter sous plusieurs aspects?

R. Oui. Les intervalles peuvent avoir plusieurs aspects.

D. Chaque nouvel aspect donné à un intervalle est-il qualifié par une dénomination particulière?

R. Oui.

D. Quelles sont les dénominations des intervalles et de combien de tons et de demi-tons sont-ils composés?

SECONDES.

R. Seconde mineure, un demi-ton; seconde majeure, un ton; seconde augmentée, un ton et demi.

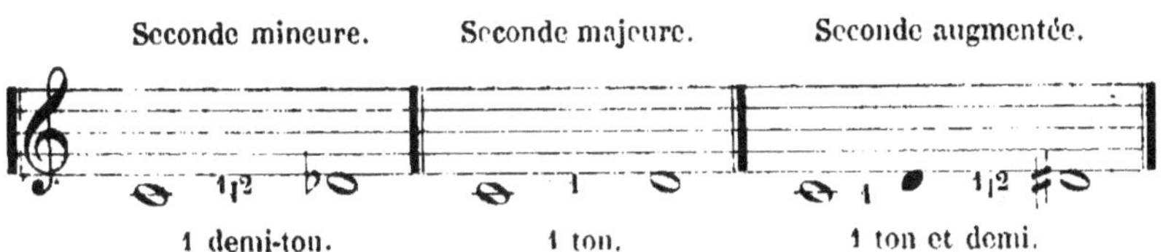

TIERCES.

Tierce diminuée, deux demi-tons; tierce mineure, un ton et un demi-ton; tierce majeure, deux tons; tierce augmentée, deux tons et un demi-ton.

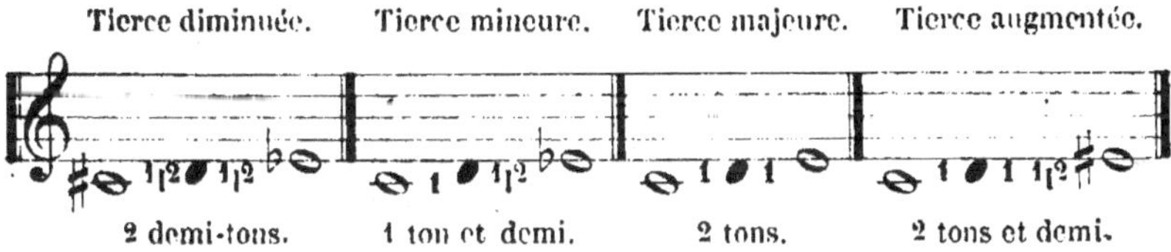

QUARTES.

Quarte diminuée, un ton et deux demi-tons; quarte juste, deux tons et demi; quarte augmentée ou triton, trois tons.

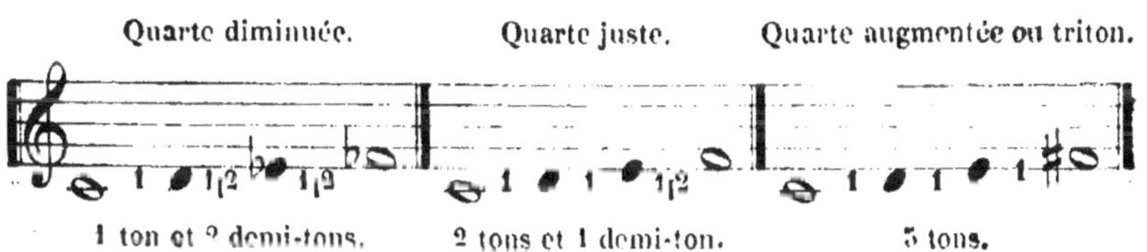

QUINTES.

Quinte diminuée, deux tons et deux demi-tons; quinte juste, trois tons et demi; quinte augmentée, trois tons et deux demi-tons.

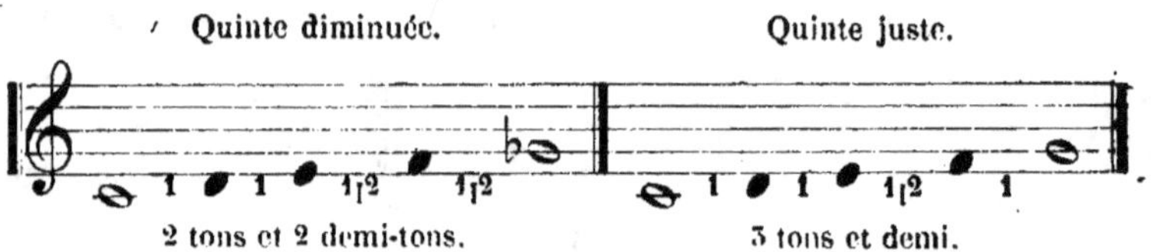

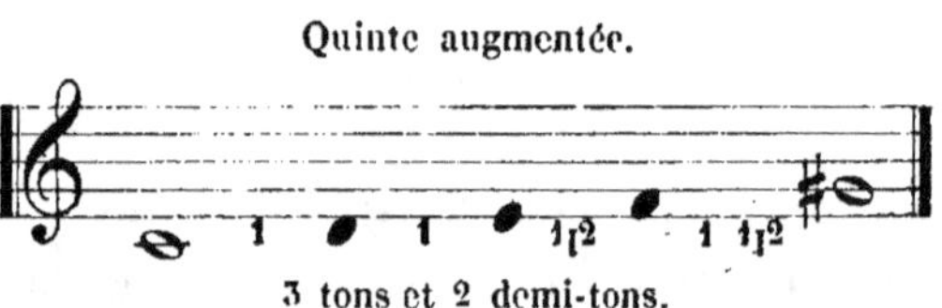

SIXTES.

Sixte diminuée, deux tons et trois demi-tons; sixte mineure, trois tons et deux demi-tons; sixte majeure, quatre tons et un demi-ton; sixte augmentée, quatre tons et deux demi-tons.

SEPTIÈMES.

Septième diminuée, trois tons et trois demi-tons; septième mineure, quatre tons et deux demi-tons; septième majeure, cinq tons et un demi-ton.

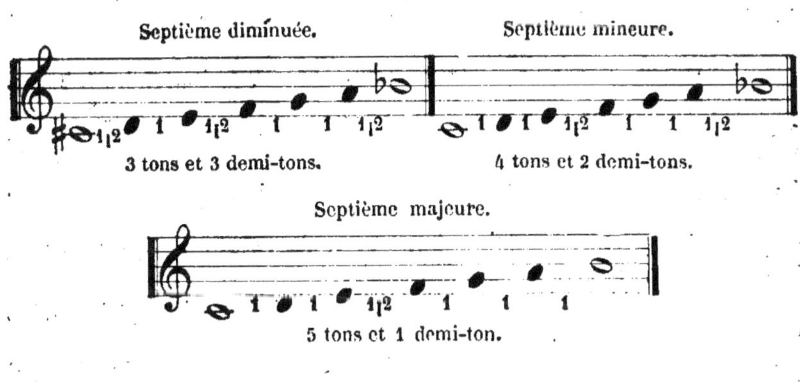

OCTAVES.

Octave juste composée de cinq tons et deux demi-tons.

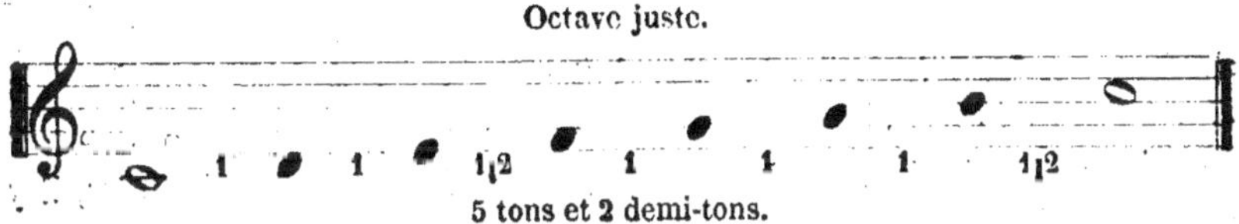

On fait usage quelquefois, mais très-rarement, de l'octave diminuée, composée de quatre tons et trois demi-tons, ainsi que de l'octave augmentée, composée de six tons et demi.

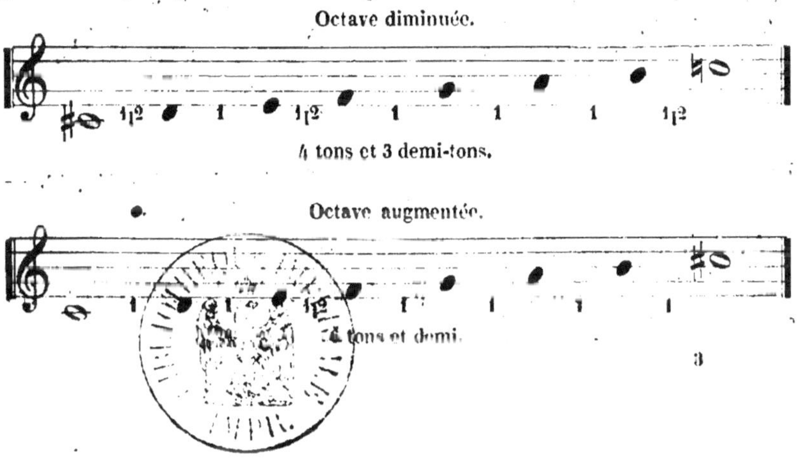

REMARQUE. Les intervalles peuvent être redoublés à l'octave et prennent alors les noms de

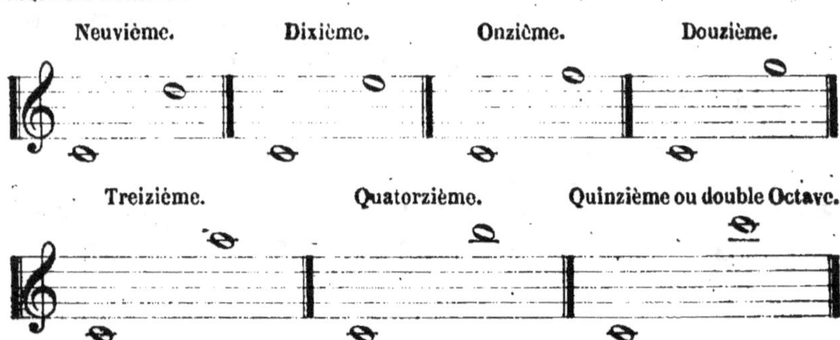

on peut même tripler et quadrupler ces intervalles, non avec la voix qui est très-limitée, mais avec de certains instruments.

Toutefois, ces extensions ne sont jamais que les répliques des sept intervalles contenus dans la gamme.

2ᵉ **REMARQUE**. Lorsqu'on vérifie les intervalles sur le clavier du piano, il faut faire la plus grande attention à ne pas confondre ensemble certains d'entre

eux ; ainsi, la seconde augmentée *ut* naturel et *ré* dièse

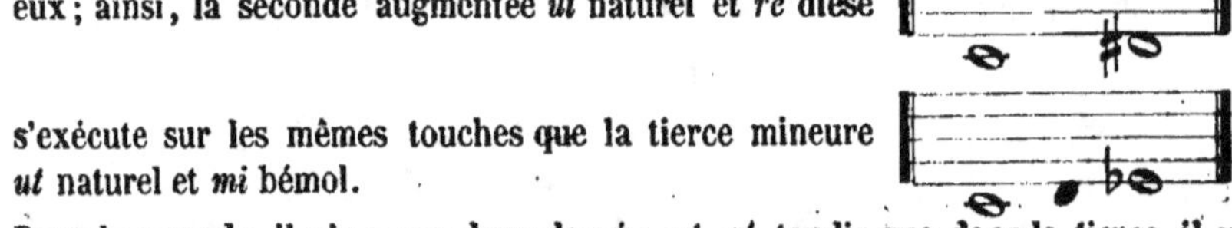

s'exécute sur les mêmes touches que la tierce mineure *ut* naturel et *mi* bémol.

Dans la *seconde*, il n'y a que deux degrés, *ut, ré,* tandis que dans la *tierce*, il y en a trois, *ut, ré, mi.*

La même observation subsiste pour les intervalles suivants :

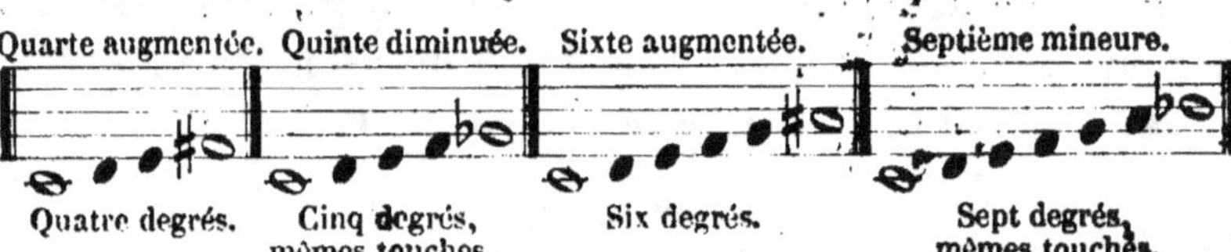

ARTICLE VI.

DES GENRES DIATONIQUE, CHROMATIQUE ET ENHARMONIQUE. — DU DEMI-TON DIATONIQUE ET CHROMATIQUE.

D. Qu'est-ce que le genre diatonique?

R. C'est celui qui procède par tons et demi-tons comme les gammes diatoniques majeures et mineures.

D. Qu'est-ce que le genre chromatique?

R. C'est celui qui procède seulement par demi-tons.

D. Qu'est-ce qu'un demi-ton diatonique?

R. Le demi-ton diatonique est celui qui existe entre deux notes changeant de nom, comme par exemple: *si ut*, ou *sol la* bémol.

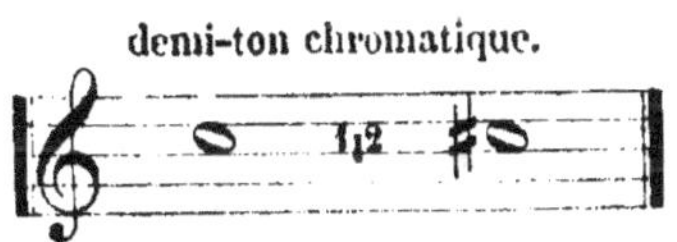

demi-tons diatoniques.

D. Qu'est-ce qu'un demi-ton chromatique?

R. Le demi-ton chromatique est celui qui existe entre deux notes ne changeant pas de nom, comme par exemple: *ut* naturel et *ut* dièse (1).

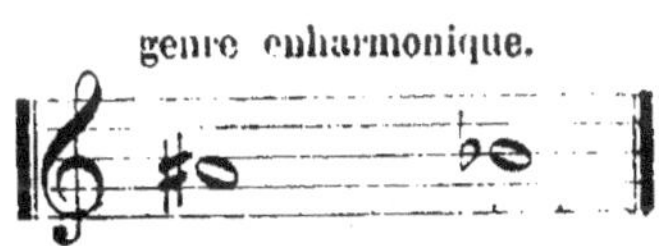

demi-ton chromatique.

D. Qu'est-ce que le genre enharmonique?

R. C'est celui qui consiste à faire entendre deux notes, qui, sur le clavier du piano, sont les mêmes, et cependant changent de nom, comme par exemple: *la* dièse et *si* bémol.

genre enharmonique.

REMARQUE. La musique moderne est basée sur le genre *diatonique*.

Les genres *chromatique* et *enharmonique* ne sont employés que passagèrement. Un *passage enharmonique* ne se produit que très-rarement et s'appelle aussi une *enharmonie*.

(1) On appelle le *demi-ton diatonique*, demi-ton *majeur*, et le *demi-ton chromatique*, demi-ton *mineur*.

ARTICLE VII.

DE LA VOIX ET DE L'EFFET DE LA MUE SUR L'ORGANE VOCAL.

D. Quelle est la voix des jeunes garçons jusqu'à l'âge de quatorze ou quinze ans?

R. La voix de soprano.

D. Quel est, sur la voix, l'effet de la mue?

R. La mue change le diapason de la voix des jeunes garçons, et les fait chanter sans qu'ils s'en doutent, une octave au-dessous de ce qui est écrit; à partir de ce moment, la voix de soprano devient voix de ténor ou de basse-taille.

REMARQUE. La mue, pour les voix de femmes, est fort peu de chose, en général, elle n'en change que la nature du timbre. Chez les jeunes gens, elle amène une grande perturbation dans l'organe vocal, qui, le plus souvent, reste rauque et enroué pendant un an ou deux. Il est très-essentiel, pendant le temps où s'opère ce travail de la nature, de ne chanter qu'avec de grands ménagements. Si la mue est très-forte, il ne faut pas chanter du tout.

ARTICLE VIII.

DE LA DIFFÉRENCE QUI EXISTE ENTRE SOLFIER ET CHANTER.

D. Qu'est-ce que solfier?

R. C'est nommer les notes, en leur donnant leurs intonations et leurs valeurs réglées par la mesure.

D. Qu'est-ce que l'art de chanter?

R. C'est faire usage de la voix, en suivant de certaines règles.

D. On ne peut donc pas dire que l'on sait chanter, lorsque l'on a appris à solfier?

R. Non, car ce sont deux choses très-distinctes, malgré le rapport qu'elles ont entre elles.

D. Comment s'appelle l'étude par laquelle on commence à apprendre l'art de chanter?

R. La vocalisation.

ARTICLE IX.

DE LA VOCALISATION, DE L'ÉMISSION DU SON, DE LA RESPIRATION.

D. Qu'est-ce que vocaliser?

R. C'est chanter sans nommer les notes.

D. De quel moyen se sert-on pour chanter sans nommer les notes?

R. On substitue au nom des notes la voyelle *a*. Exemple :

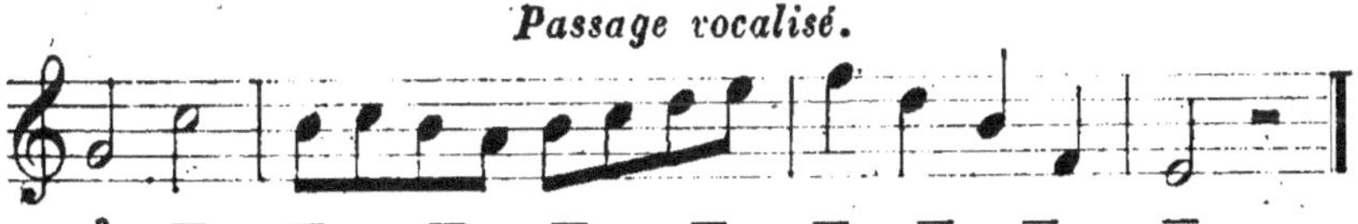

D. Pourquoi emploie-t-on de préférence la voyelle *a?*

R. Parce qu'elle est la plus favorable à l'émission du son.

D. Qu'est-ce que l'émission du son?

R. C'est sa formation ou plutôt la manière plus ou moins bonne dont on le fait sortir de la poitrine et du gosier.

D. Quelles sont les meilleures conditions pour émettre un son?

R. C'est de le faire sortir dans toute sa plénitude, sans cependant le forcer, et sans chanter du nez ni de la gorge.

D. De quelle manière doit-on respirer en vocalisant?

R. Il faut respirer sans effort et sans bruit et, le plus possible, ne le faire que lorsque l'on rencontre un silence. Si l'on est obligé de respirer autrement que sur un silence, on doit faire en sorte que la mesure n'en souffre pas.

EXEMPLE :

D. A quoi sert l'étude de la vocalisation?

R. L'étude de la vocalisation, qui est l'intermédiaire entre l'étude du solfége et celle du chant, a pour but de former la voix, de la poser et de l'assouplir.

D. Qu'entendez-vous par former et poser la voix?

R. Former la voix, c'est lui donner une bonne qualité ou une bonne émission, ce qui a été expliqué plus haut. On pose la voix en l'exerçant sur des sons lents et soutenus, augmentés ou diminués graduellement de force. Exemple:

D. Comment assouplit-on la voix?

R. En l'exerçant à bien faire entendre toutes les notes, dans des passages d'un mouvement progressivement accéléré. Exemple :

REMARQUE. L'art de la vocalisation contient de grandes difficultés, la pratique seule peut les faire connaître, et il n'est possible de s'en rendre un compte exact qu'en travaillant les méthodes spéciales de chant.

ARTICLE X.

DU CHANT AVEC PAROLES.

D. Par quelle étude termine-t-on l'art de chanter?

R. Par l'étude du chant avec paroles.

D. Comment indique-t-on les paroles en même temps que la musique?

R. En écrivant les paroles sous la musique, et en plaçant chaque syllabe sous la note qui lui est correspondante. Exemple :

D. Dans quel but unit-on les paroles à la musique?

R. Afin de donner plus de force et d'expression aux paroles.

D. Quelles sont les principales règles à observer lorsqu'on chante des paroles avec la musique?

R. D'abord de prononcer distinctement, ensuite de bien respirer, et enfin de rendre avec justesse l'expression des paroles.

D. Qu'entendez-vous par prononcer distinctement?

R. Pour prononcer distinctement, il faut bien articuler chaque syllabe et donner aux voyelles leur véritable son; ainsi, ne pas dire *âmitié* pour amitié, *fèblesse* pour faiblesse, etc. Il faut aussi faire la plus grande attention à ne pas terminer les *e* muets en *o*, comme par exemple : tendress*o* pour tendress*e*.

D. Qu'entendez-vous par bien respirer?

R. C'est-à-dire ne pas couper un mot par la respiration, et attendre, pour reprendre haleine, que les paroles offrent un repos.

D. Qu'est-ce que rendre avec justesse l'expression des paroles?

R. Rendre avec justesse l'expression des paroles, c'est se pénétrer de leur sens et leur donner assez de relief pour toujours intéresser ou émouvoir.

REMARQUE. Il ne suffit pas, pour bien chanter, d'avoir beaucoup de voix; une voix médiocre, si l'on sait la conduire avec art, fera toujours plus d'effet qu'une belle voix dont on ne saurait tirer parti.

L'art de chanter demande donc de grandes études, et, soit que l'on ait peu ou beaucoup de voix, il n'en faut pas moins un travail long et assidu pour devenir un véritable artiste.

ÉDUCATION MUSICALE DES ENFANTS

PAR
A. LE CARPENTIER

Adoptée au Conservatoire et approuvée par l'Institut.

SOLFÉGE

PETIT SOLFÉGE POUR LES ENFANTS

Edition in-4° avec accompagnement de piano . . . . 15 »
Edition in-8° sans accompagnement, 6e édition . . . . net. 2 50
Adopté au Conservatoire dans la séance du 5 juillet 1854.

SOLFÉGE A DEUX VOIX POUR LES CLASSES D'ENSEMBLE

Edition in-4° avec accompagnement de piano . . . . 20 »
Edition in-8° sans accompagnement . . . . net. 3 »
Adopté au Conservatoire dans la séance du 5 juillet 1854.

GRAMMAIRE MUSICALE PAR DEMANDES ET RÉPONSES

Contenant les principes de la musique, format in-8° . . . . net. 1 25
Suite à la **Grammaire musicale**, format in-8° . . . . net. 1 25

HARMONIE

ÉCOLE D'HARMONIE ET D'ACCOMPAGNEMENT
A L'USAGE DES JEUNES PIANISTES,

Suivie d'articles spéciaux sur la transposition et la réduction au piano des
partitions d'orchestre . . . . 18 »
Adoptée au Conservatoire dans la séance du 5 juillet 1854.

PETITE MÉTHODE ABRÉGÉE DE L'HARMONIE
ET DE LA TRANSPOSITION APPLIQUÉE AU PIANO.

Format in-8° . . . . net. 3 »

PETIT TRAITÉ DE COMPOSITION MÉLODIQUE

Appliquée aux valses, quadrilles et romances . . . . net. 3 »

PIANO

COURS PRATIQUE DE PIANO ÉLÉMENTAIRE ET PROGRESSIF

Adopté au Conservatoire dans la séance du 26 décembre 1853.

1er DEGRÉ. — **Méthode pour les enfants**, contenant les premiers principes, des exercices, gammes, récréations, et six petites études. 13e édit. 12 »

2e DEGRÉ. — Op. 59. **Seconde partie de la Méthode**, contenant
vingt-cinq études enfantines, précédées chacune d'exercices et
préludes, et suivies de douze récréations sur des motifs choisis . . . . . 12 »

3e DEGRÉ. — Op. 174. **Vingt-cinq études élémentaires et progres-
sives**, trente exercices journaliers et quatre récréations . . . . 12 »

4e DEGRÉ. — Op. 175. **Vingt-cinq études de moyenne force** et cin-
quante exercices journaliers comprenant des octaves . . . . 12 »

5e DEGRÉ. — Op. 127. **Vingt-cinq études caractéristiques** de style
et de perfectionnement . . . . 18 »

APPENDICE

6e DEGRÉ. — Op. 57. **École de la mesure**, pour être travaillée avec
les 2e, 3e, 4e et 5e degrés . . . . 10 »

7e DEGRÉ. — Op. 78. **Quinze préludes brillants** et de moyenne force. 9 »

TOUS CES OUVRAGES ONT ÉTÉ APPROUVÉS PAR L'INSTITUT DANS SA SÉANCE DU 2 SEPTEMBRE 1854.

Op. 200. **La Providence des Enfants**, exercices mélodiques d'une diffi-
culté progressive, sans octaves, et soigneusement doigtés.
En douze livres . . . . chaque. 6 »

PARIS. —TYP. BEAULÉ, RUE JACQUES DE BROSSE, 10.